AF222059

Impressum
Verlag: BABADADA GmbH, Nedderfeld 112 , 22529 Hamburg
Geschäftsführer / Verlagsleitung: Harald Hof
Druck: Books on Demand GmbH, In de Tarpen 42, 22848 Norderstedt

Imprint
Publisher: BABADADA GmbH, Nedderfeld 112 , 22529 Hamburg, Germany
Managing Director / Publishing direction: Harald Hof
Print: Books on Demand GmbH, In de Tarpen 42, 22848 Norderstedt, Germany

kool

школа

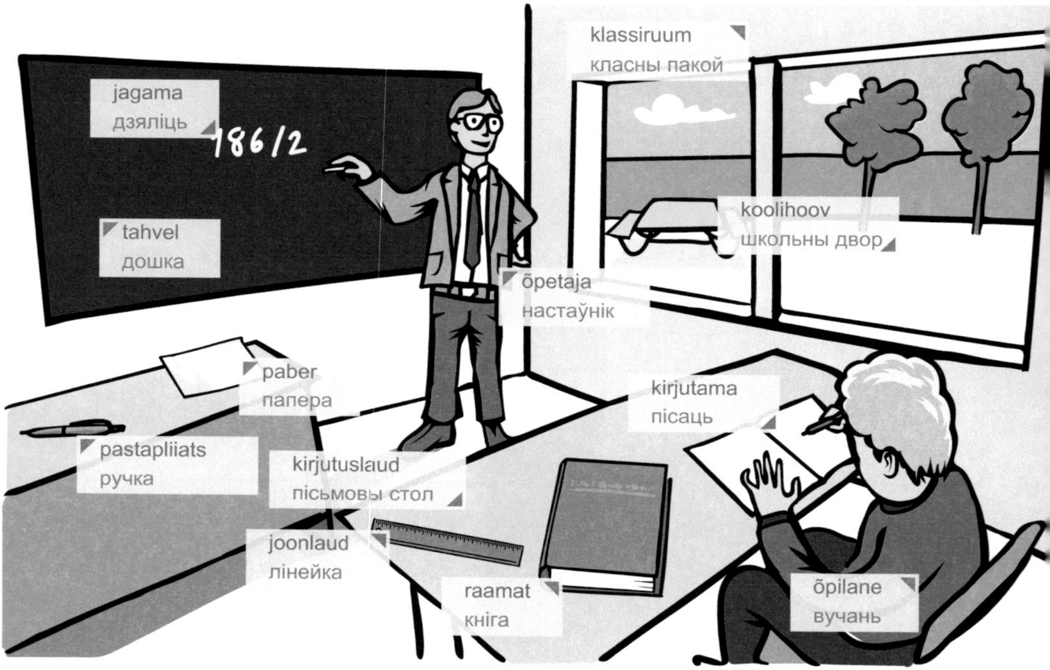

klassiruum
класны пакой
jagama
дзяліць
186/2
tahvel
дошка
koolihoov
школьны двор
õpetaja
настаўнік
paber
папера
kirjutama
пісаць
pastapliiats
ручка
kirjutuslaud
пісьмовы стол
joonlaud
лінейка
raamat
кніга
õpilane
вучань

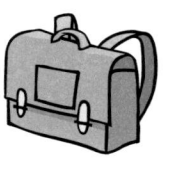

koolikott

ранец

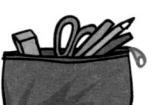

pinal

пенал

harilik pliiats

просты аловак

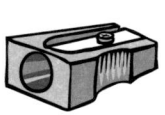

pliiatsiteritaja

тачылка для алоўкаў

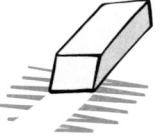

kustukumm

гумка

joonistusplokk

альбом для малявання

joonistus

малюнак

pintsel

пэндзлік

värvikarp

фарбы

käärid

нажніцы

liim

клей

töövihik

сшытак

kodutöö

хатняе заданне

number

лік

liitma

дадаваць

lahutama

адымаць

korrutama

множыць

arvutama

лічыць

täht

літара

ABCDEFG
HIJKLMN
OPQRSTU
VWXYZ

tähestik

алфавіт

hello

sõna

слова

tekst

тэкст

lugema

чытаць

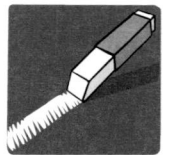

kriit

крэйда

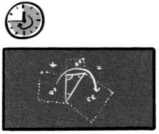

koolitund

ўрок

klassipäevik

класны журнал

eksam

экзамен

tunnistus

атэстат

koolivorm

школьная форма

haridus

адукацыя

entsüklopeedia

энцыклапедыя

ülikool

універсітэт

mikroskoop

мікраскоп

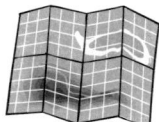

kaart

карта

paberikorv

смеццевы кошык

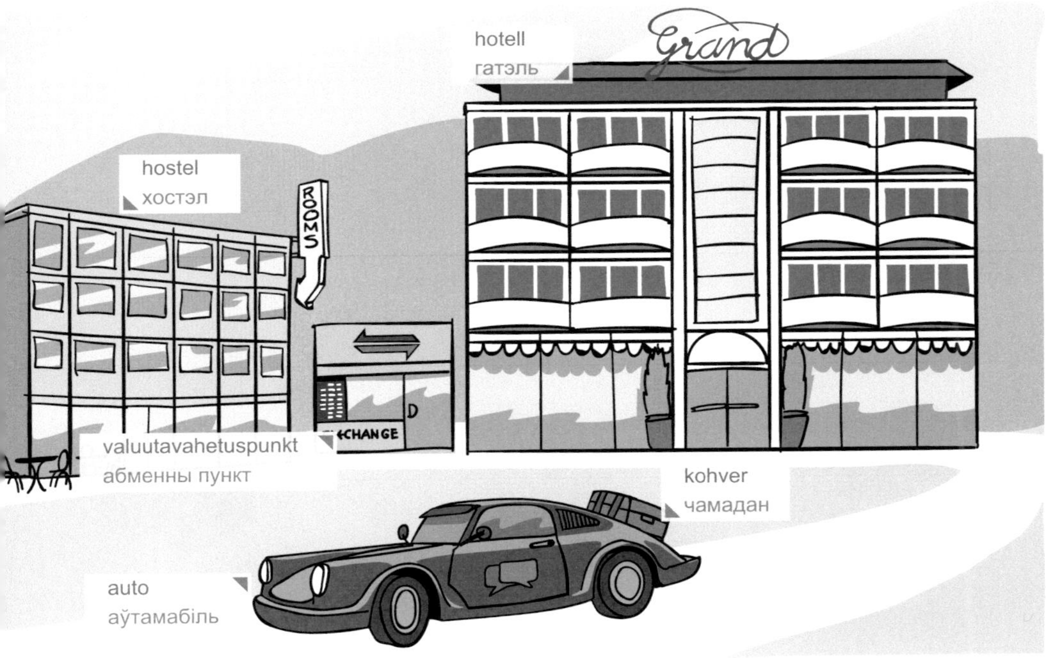

hotell
гатэль
Grand
hostel
хостэл
ROOMS
valuutavahetuspunkt
абменны пункт
kohver
чамадан
auto
аўтамабіль

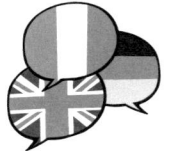

keel

мова

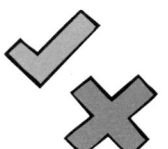

jah / ei

так / не

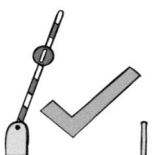

okei

добра

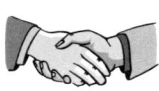

Tere!

прывітанне!

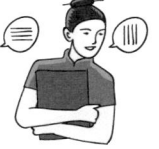

tõlk

перакладчык

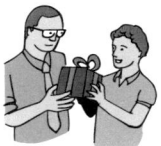

Aitäh!

дзякуй

Kui palju maksab …?

Колькі каштуе….?

Ma ei saa aru

я не разумею

probleem

праблема

Tere õhtust!

Добры вечар!

Tere hommikust!

Добрай раніцы!

Head ööd!

Дабранач!

Head aega!

да пабачэння

suund

кірунак

pagas

багаж

kott

сумка

seljakott

заплечнік

külaline

госць

tuba

пакой

magamiskott

спальны мяшок

telk

палатка

turismiinfo

фармацыя для турыстаў

rand

пляж

krediitkaart

крэдытная картка

hommikusöök

снеданне

lõunasöök

абед

õhtusöök

вячэра

pilet

праязны білет

lift

ліфт

postmark

паштовая марка

riigipiir

мяжа

toll

мытня

saatkond

пасольства

viisa

віза

pass

пашпарт

transport
транспарт

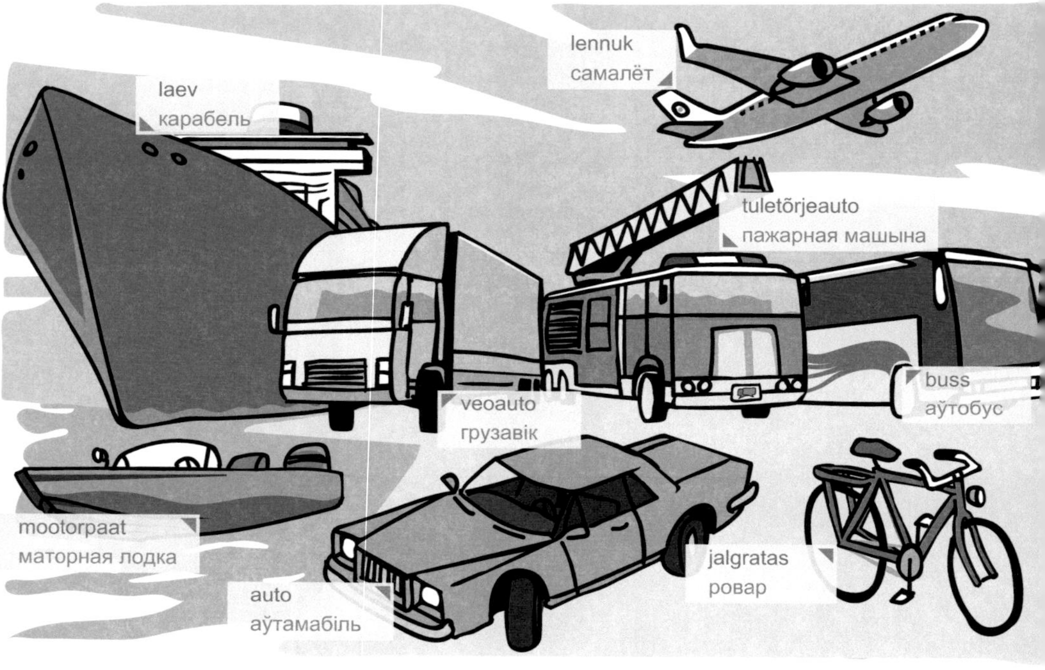
lennuk
самалёт
laev
карабель
tuletõrjeauto
пажарная машына
buss
аўтобус
veoauto
грузавік
mootorpaat
маторная лодка
jalgratas
ровар
auto
аўтамабіль

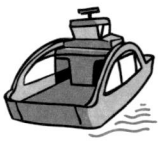

praam

парoм

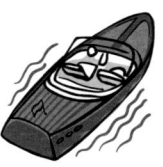

paat

лодка

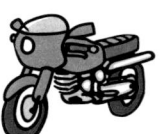

mootorratas

матацыкл

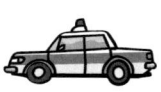

politseiauto

паліцэйская машына

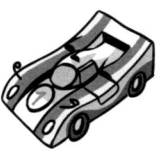

võidusõiduauto

гоначны аўтамабіль

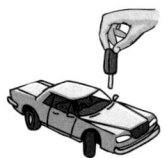

rendiauto

арэндаваны аўтамабіль

ühisauto

сумеснае карыстанне
аўтамабілем

puksiirauto

эвакуатар

prügiauto

смеццявоз

mootor

матор

kütus

паліва

tankla

запраўка

liiklusmärk

дарожны знак

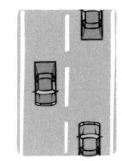

liiklus

дарожны рух

liiklusummik

затор

parkla

паркоўка

raudteejaam

чыгуначная станцыя

rööpad

рэйкі

rong

цягнік

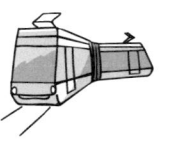

tramm

трамвай

vagun

вагон

helikopter

верталёт

lennujaam

аэрапорт

torn

вежа

reisija

пасажыр

konteiner

кантэйнер

pappkast

кардонная скрыня

käru

тачка

korv

карзіна

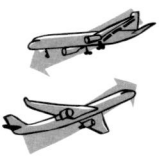

õhku tõusma / maanduma

ўзлятаць / прызямляцца

linn

горад

küla

вёска

kesklinn

цэнтр горада

maja

дом

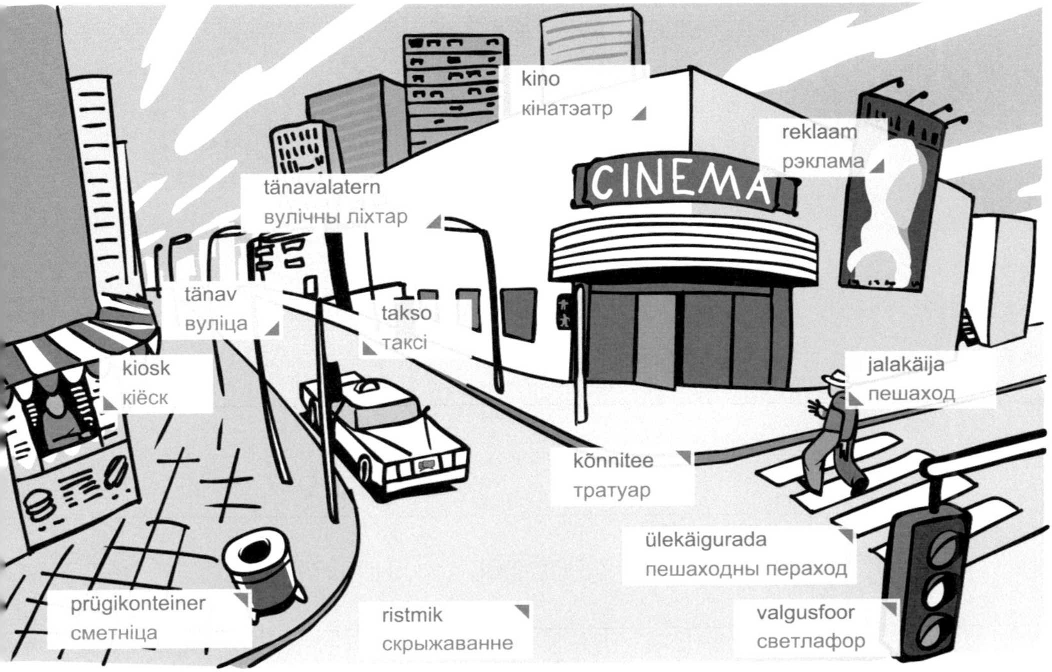

kino
кінатэатр

reklaam
рэклама

tänavalatern
вулічны ліхтар

CINEMA

tänav
вуліца

takso
таксі

jalakäija
пешаход

kiosk
кіёск

kõnnitee
тратуар

ülekäigurada
пешаходны пераход

prügikonteiner
сметніца

ristmik
скрыжаванне

valgusfoor
светлафор

osmik

халупа

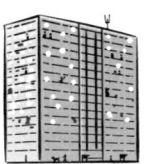

kortermaja

кватэра

raudteejaam

чыгуначная станцыя

raekoda

ратуша

muuseum

музей

kool

школа

ülikool

універсітэт

pank

банк

haigla

шпіталь

hotell

гатэль

apteek

аптэка

kontor

офіс

raamatupood

кнігарня

kauplus

крама

lillepood

кветкавая крама

supermarket

супермаркет

turg

кірмаш

kaubamaja

універмаг

kalapood

рыбная крама

kaubanduskeskus

гандлевы цэнтр

sadam

порт

park

парк

pink

лава

sild

мост

trepp

лесвіца

metroo

метро

tunnel

тунэль

bussipeatus

прыпынак

baar

бар

restoran

рэстаран

postkast

паштовая скрыня

tänavasilt

вулічны паказальнік

parkimisautomaat

паркамат

loomaaed

заапарк

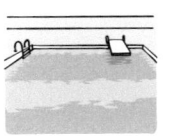

ujula

басейн

mošee

мячэць

talu

сядзіба

reostus

забруджванне
навакольнага асяроддзя

surnuaed

могілкі

kirik

царква

mänguväljak

пляцоўка для гульні

tempel

храм

maastik
краявід

leht
ліст

teeviit
паказальнік

tee
дарога

aas
луг

kivi
камень

puu
дрэва

matkaja
падарожнік

jõgi
рака

rohi
трава

lill
кветка

org

даліна

mägi

гара

järv

возера

mets

лес

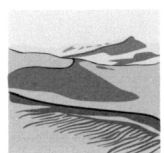

kõrb

пустыня

vulkaan

вулкан

linnus

замак

vikerkaar

вясёлка

seen

грыб

palm

пальма

sääsk

камар

kärbes

муха

sipelgas

мурашка

mesilane

пчала

ämblik

павук

mardikas

жук

konn

жаба

orav

вавёрка

siil

вожык

jänes

заяц

öökull

сава

lind

птушка

luik

лебедзь

metssiga

дзік

hirv

алень

põder

лось

pais

плаціна

tuuleturbiin

вятрак

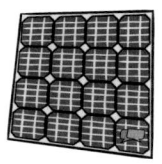

päikesepaneel

сонечная батарэя

kliima

клімат

restoran

рэстаран

kelner
афіцыянт
menüü
меню
tool
крэсла
supp
суп
pitsa
піца
söögiriistad
сталовыя прыборы
laudlina
абрус

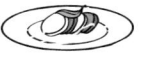

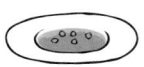

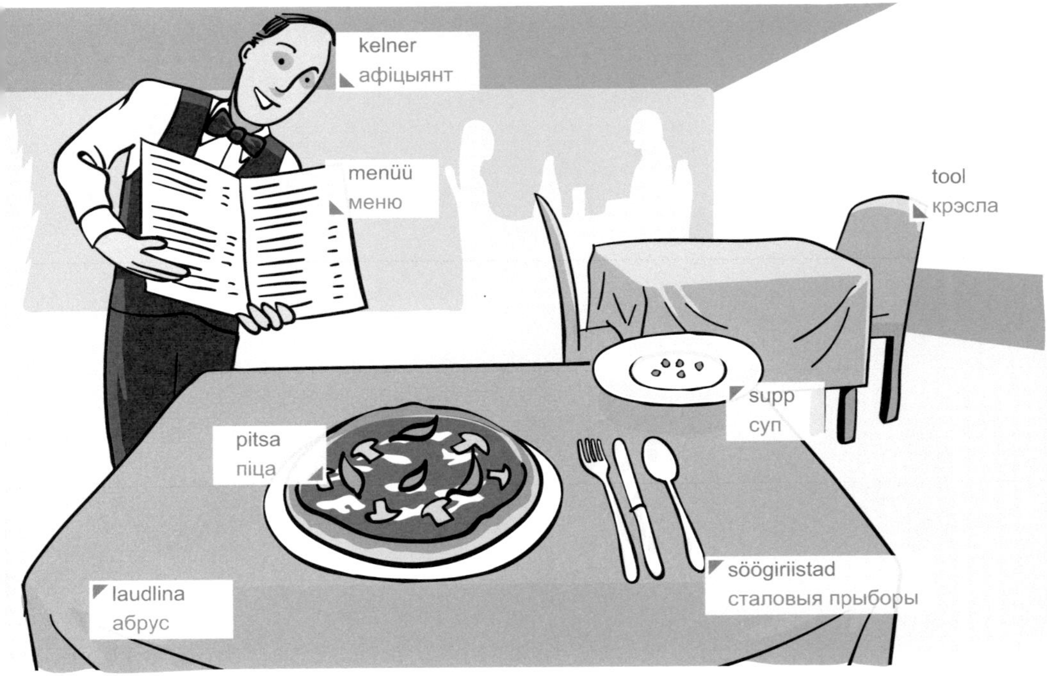

eelroog

закуска

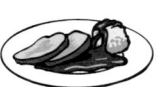

pearoog

другая страва

magustoit

дэсерт

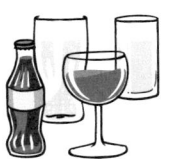

joogid

напоі

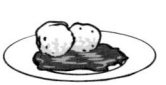

toit

ежа

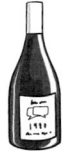

pudel

бутэлька

kiirtoit

хуткае харчаванне (фаст-фуд)

tänavatoit

стрыт-фуд

teekann

імбрык (чайнік)

suhkrutoos

цукарніца

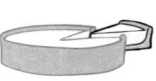

portsjon

порцыя

espressomasin

эспрэса-машына

lastetool

дзіцячае крэселка

arve

рахунак

kandik

паднос

nuga

нож

kahvel

відэлец

lusikas

лыжка

teelusikas

чайная лыжка

salvrätik

сурвэтка

klaas

шклянка

taldrik

талерка

supitaldrik

супавая талерка

alustass

сподак

kaste

соус

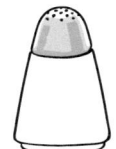

soolatoos

сальніца

pipraveski

млынок для перцу

äädikas

воцат

õli

алей

vürtsid

спецыі

ketšup

кетчуп

sinep

гарчыца

majonees

маянэз

supermarket
супермаркет

eripakkumine
акцыя
FOR
klient
пакупнік
piimatooted
малочныя прадукты
puuviljad
садавіна
ostukäru
вазок

BUTCHERS

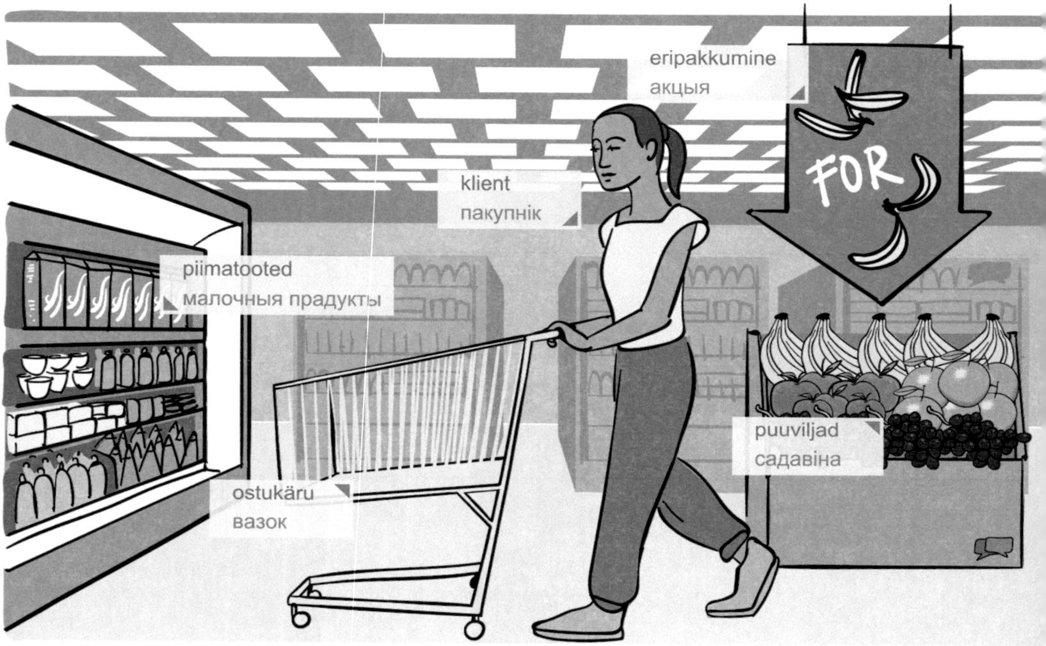

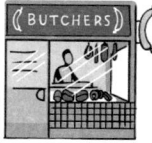

lihapood

мясная крама

BAKERY

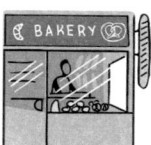

pagariäri

хлебны магазін

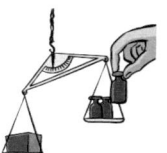

kaaluma

важыць

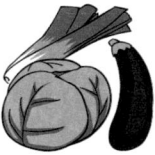

köögiviljad

гароднiна

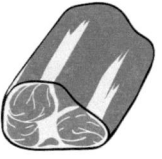

liha

мяса

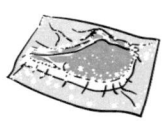

külmutatud toit

свежазамарожаныя прадукты

lihalõigud

нарэзка

konservid

кансервы

pesupulber

пральны парашок

maiustused

прысмакі

majatarbed

хатнія прылады

puhastustooted

чысцячы сродак

müüja

прадавец

kassaaparaat

каса

kassapidaja

касір

ostunimekiri

спіс пакупак

lahtiolekuajad

гадзіны працы

rahakott

бумажнік

krediitkaart

крэдытная картка

kott

сумка

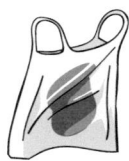

kilekott

пакет

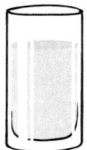

vesi

вада

mahl

сок

piim

малако

koola

кола

vein

віно

õlu

піва

alkohol

алкаголь

kakao

какава

tee

гарбата (чай)

kohv

кава

espresso

эспрэса

cappuccino

капучына

banaan

банан

õun

яблык

apelsin

апельсін

arbuus

дыня

sidrun

лімон

porgand

морква

küüslauk

часнок

bambus

бамбук

sibul

цыбуля

seen

грыб

pähklid

арэхі

nuudlid

локшына

spagetid

спагеці

riis

рыс

salat

салата

friikartulid

бульба фры

praekartulid

смажаная бульба

pitsa

піца

hamburger

гамбургер

võileib

бутэрброд

šnitsel

шніцаль

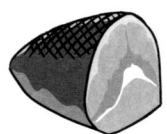

sink

вяндліна

salaami

салямі

vorst

каўбаса

kana

курыца

praeliha

смажаніна

kala

рыбак

kaerahelbed

аўсяныя камякі

müsli

мюслі

maisihelbed

кукурузныя шматкі

jahu

мука

sarvesai

круасан

kukkel

булачка

leib

хлеб

röstsai

тост

küpsised

пячэнне

või

масла

kohupiim

тварог

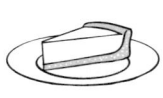

kook

пірог

muna

яйка

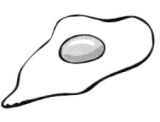

praemuna

яечня

juust

сыр

jäätis

марожанае

suhkur

цукар

mesi

мёд

moos

варэнне

pähklivõie

нуга

karri

кары

talu
сядзіба

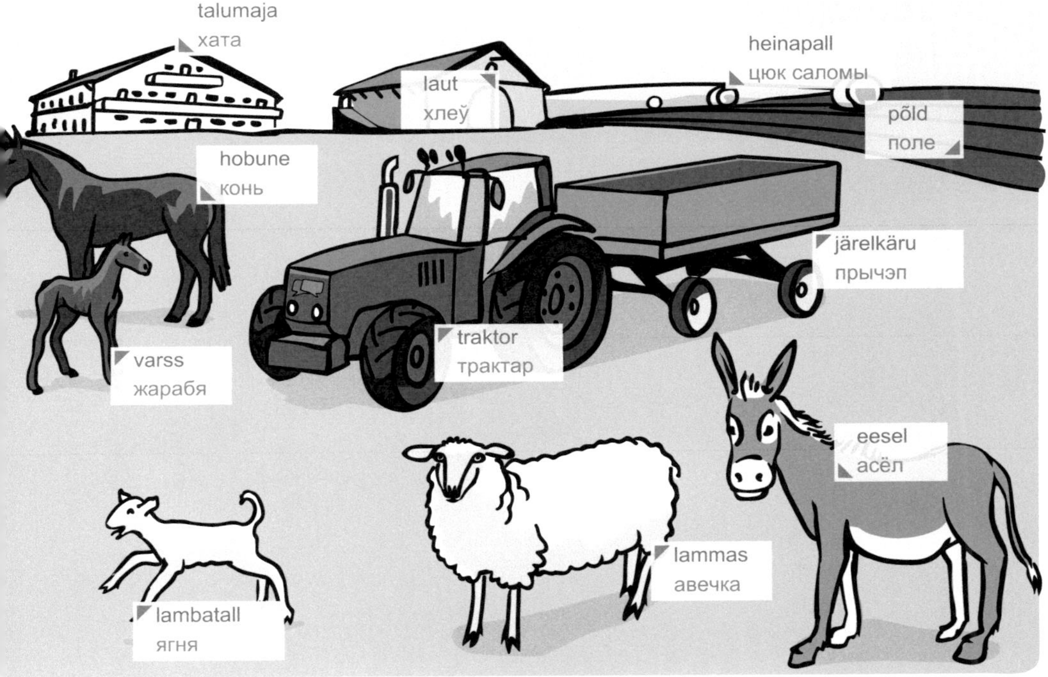

talumaja
хата
laut
хлеў
heinapall
цюк саломы
põld
поле
hobune
конь
järelkäru
прычэп
traktor
трактар
varss
жарабя
eesel
асёл
lammas
авечка
lambatall
ягня

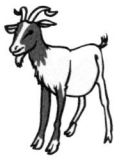

kits

каза

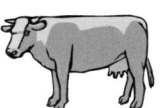

lehm

карова

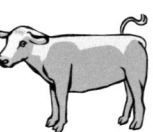

vasikas

цяля

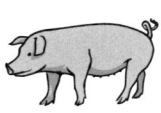

siga

свіння

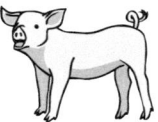

põrsas

парася

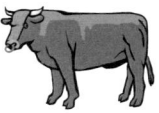

pull

бык

hani

гусак

part

качка

tibu

кураня

kana

курыца

kukk

певень

rott

пацук

kass

кот

hiir

мыш

härg

вол

koer

сабака

koerakuut

сабачая будка

aiavoolik

садовы шланг

kastekann

палівачка

vikat

каса

ader

плуг

sirp

серп

kõblas

матыка

hang

вілы для гною

kirves

сякера

käru

тачка

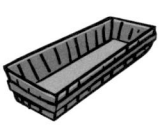

küna

карыта

piimanõu

бітон для малака

kott

мех

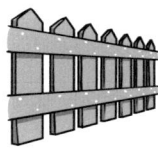

tara

плот

tall

хлеў

kasvuhoone

цяпліца

muld

глеба

seeme

насенне

väetis

угнаенне

kombain

камбайн

saaki koristama

збіраць ураджай

saagikoristus

ураджай

jamss

ямс

nisu

пшаніца

soja

соя

kartul

бульба

mais

кукуруза

raps

рапс

viljapuu

садовае дрэва

maniokk

маніёк

teravili

збожжа

maja
дом

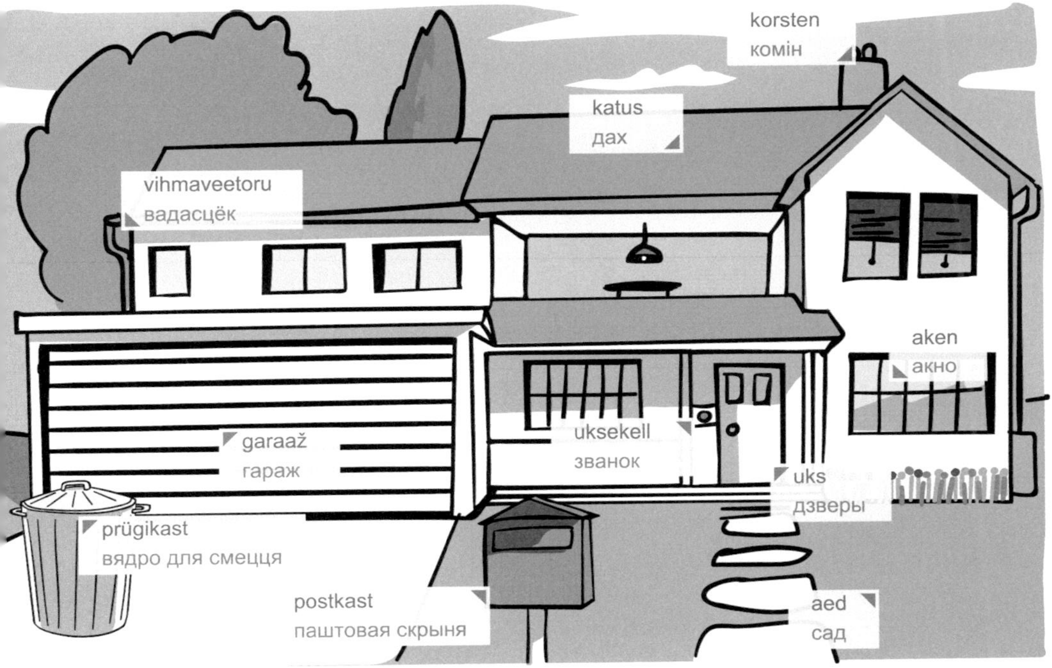

korsten
комін
katus
дах
vihmaveetoru
вадасцёк
aken
акно
garaaž
гараж
uksekell
званок
uks
дзверы
prügikast
вядро для смецця
postkast
паштовая скрыня
aed
сад

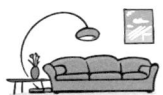

elutuba

жылы пакой

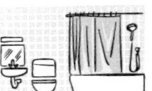

vannituba

ванная

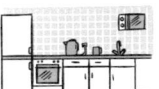

köök

кухня

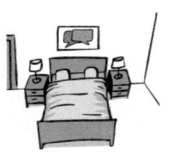

magamistuba

спальны пакой

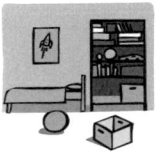

lastetuba

дзіцячы пакой

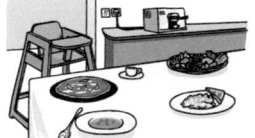

söögituba

сталоўка

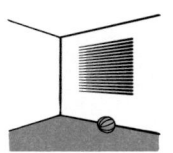

põrand

падлога

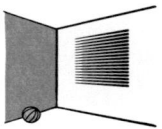

sein

сцяна

lagi

столь

kelder

падвал

saun

саўна

rõdu

балкон

terrass

тэраса

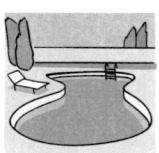

bassein

басейн

muruniiduk

касілка

voodilina

падкоўдранік

päevatekk

коўдра

voodi

ложак

luud

venik

ämber

вядро

lüliti

выключальнік

elutuba
жылы пакой

tapeet
шпалеры
pilt
малюнак
lamp
лямпа
riiul
паліца
kapp
шафа
televiisor
тэлевізар
kamin
камін
lill
кветка
padi
падушка
diivan
канапа
vaas
ваза
kaugjuhtimispult
пульт

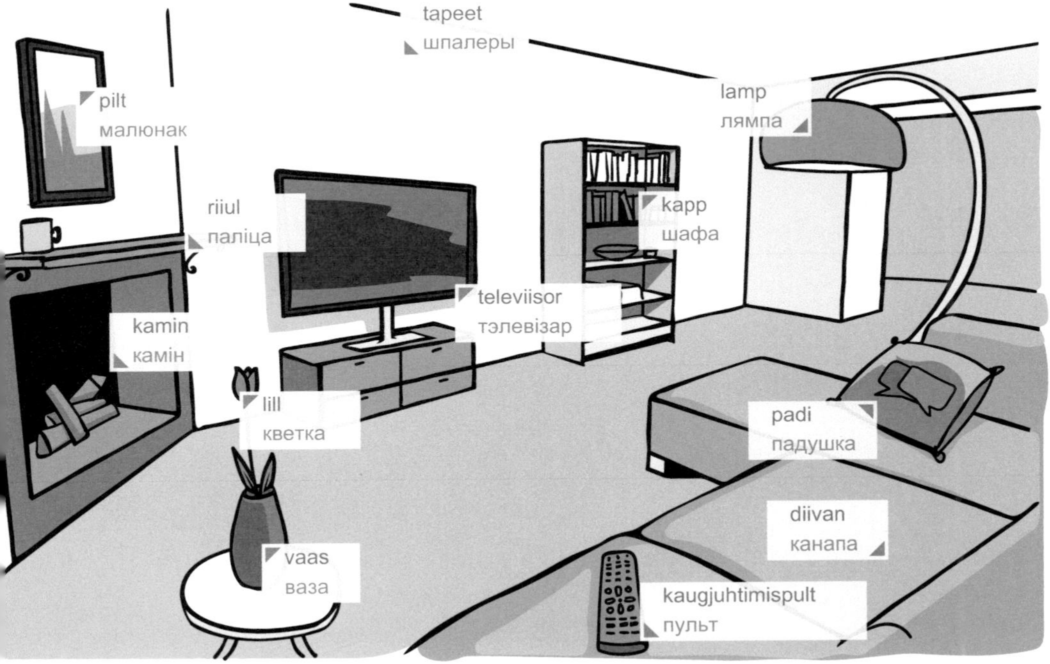

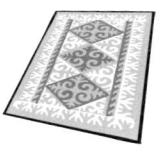

vaip

дыван

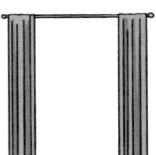

kardin

фіранка

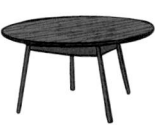

laud

стол

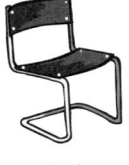

tool

крэсла

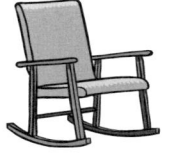

kiiktool

крэсла-качалка

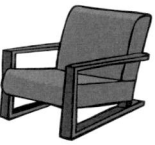

tugitool

крэсла

raamat

кніга

tekk

коўдра

kaunistus

дэкарацыя

küttepuud

дровы

film

кіно

helisüsteem

стэрэасістэма

võti

ключ

ajaleht

газета

maal

карціна

plakat

постар

raadio

радыё

märkmik

нататнік

tolmuimeja

пыласос

kaktus

кактус

küünal

свечка

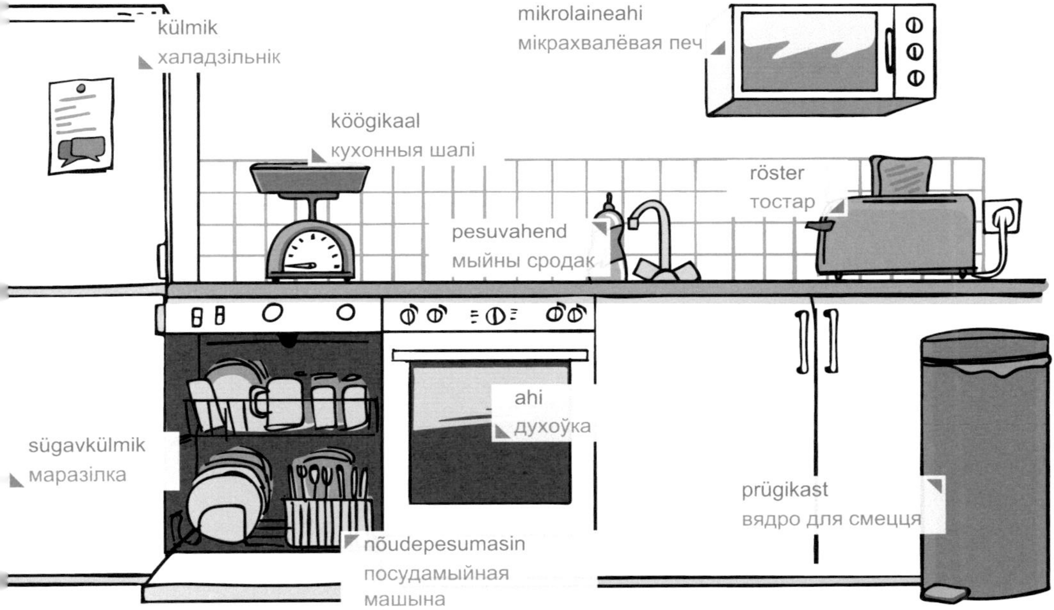

külmik
халадзільнік

mikrolaineahi
мікрахвалёвая печ

köögikaal
кухонныя шалі

röster
тостар

pesuvahend
мыйны сродак

ahi
духоўка

sügavkülmik
маразілка

prügikast
вядро для смецця

nõudepesumasin
посудамыйная
машына

pliit
пліта

pott
рондаль

malmpott
чыгунок

vokkpann
Вок / кадаі

pann
патэльня

veekeetja
чайнік

aurutaja

параварка

küpsetusplaat

бляха

lauanõud

посуд

kruus

кубак

kauss

міска

söögipulgad

палачкі для ежы

kulp

чарпак

pannilabidas

лапатачка

vispel

збівалка

kurn

сіта для варэння

sõel

сіта

riiv

тарка

uhmer

ступка

grill

грыль

lahtine tuli

вогнішча

lõikelaud

дошка

tainarull

качалка

korgitser

штопар

konservipurk

бляшанка

konserviavaja

адкрывалка

pajakinnas

прыхваткі

kraanikauss

ракавіна

hari

шчотка

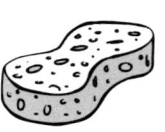

pesukäsn

губка

kannmikser

міксер

sügavkülmuti

маразільная камера

lutipudel

бутэлечка

segisti

вадаправодны кран

vannituba
ванная

küte
ручніковы сушыцель
käterätik
ручнік
dušš
душ
dušikardin
штора для душа
mullivann
пенная ванна
vann
ванна
klaas
шклянка
pesumasin
мыйная машына
segisti
вадаправодны кран
plaadid
плітка
pissipott
начны гаршчок
kraanikauss
ракавіна

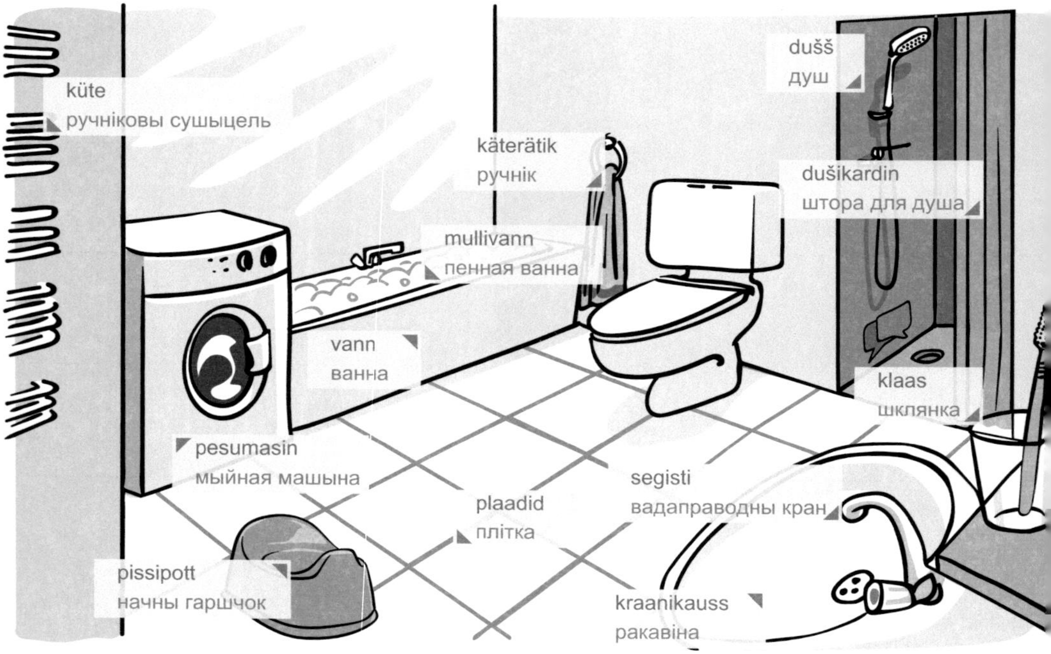

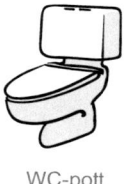

WC-pott

туалет

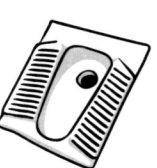

kükitamistualett

падлогавы ўнітаз

bidee

бідэ

pissuaar

пісуар

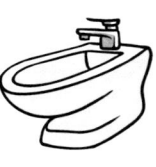

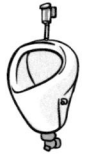

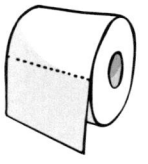

tualettpaber

туалетная папера

WC-hari

шчотка для чысткі ўнітаза

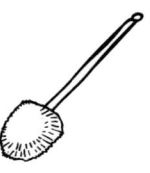

hambahari

зубная шчотка

hambapasta

зубная паста

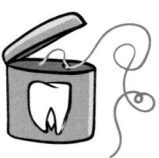

hambaniit

зубная нітка

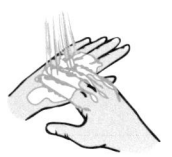

pesema

мыць

käsidušš

ручны душ

intiimdušš

інтымны душ

pesukauss

умывальнік

seljahari

шчотка для спіны

seep

мыла

dušigeel

гель для душа

šampoon

шампунь

vamm

вяхотка

äravool

вадасцёк

kreem

крэм

deodorant

дэзадарант

peegel

люстэрка

käsipeegel

касметычнае люстэрка

habemenuga

станок для галення

raseerimisvaht

пена для галення

habemevesi

ласьён пасля галення

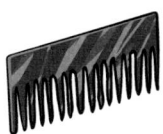

kamm

грэбень

hari

шчотка

föön

фен

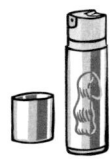

juukselakk

лак для валасоў

meigikomplekt

касметыка

huulepulk

памада

küünelakk

лак для пазногцяў

vatt

вата

küünekäärid

манікюрныя нажніцы

parfüüm

духі

tualett-tarvete kott

касметычка

taburet

табурэтка

kaal

вагі

hommikumantel

лазневы халат

kummikindad

санітарныя пальчаткі

tampoon

тампон

hügieeniside

гігіенічныя пракладкі

keemiline tualett

біятуалет

äratuskell
будзільнік

pehme mänguasi
мяккая цацка

mänguauto
цацачная машынка

kõristi
бразготка

nukumaja
лялечны домік

kingitus
падарунак

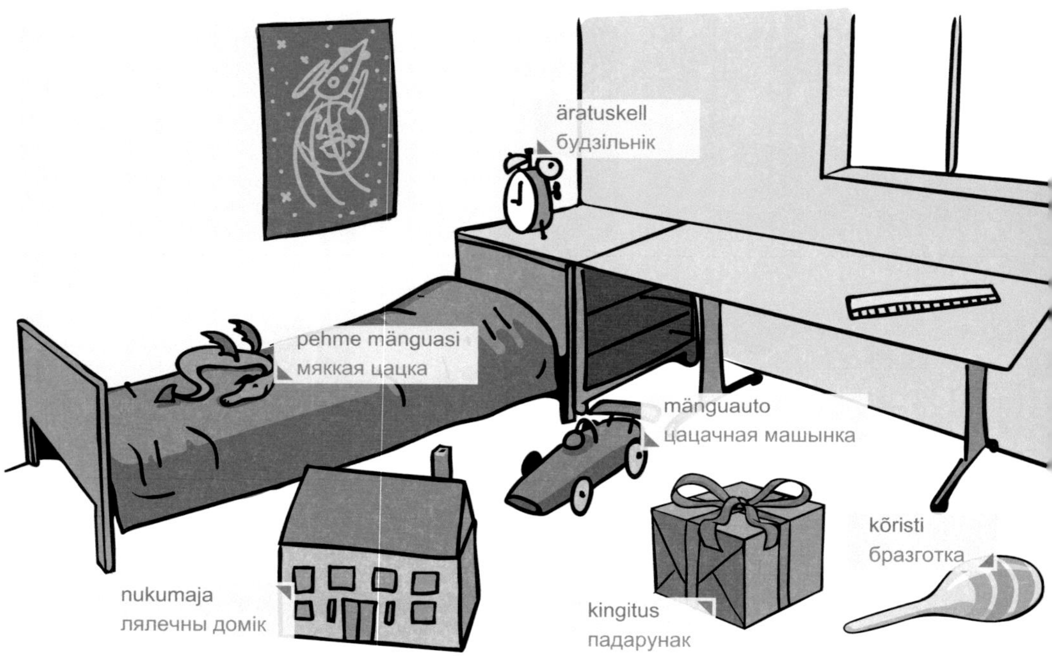

õhupall

надзіманы шарык

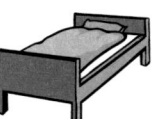

voodi

ложак

lapsevanker

дзіцячая каляска

kaardipakk

калода картаў

pusle

пазл

koomiks

комікс

Lego klotsid

канструктар "Лега"

klotsid

канструктар

kujuke

экшэн-фігурка

siputuspüksid

дзіцячы гарнітур

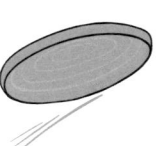

lendav taldrik

фрызбі

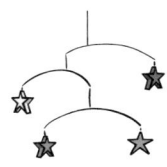

voodikarussell

дзіцячы мабіль

lauamäng

настольная гульня

täringud

кубік

mudelrong

дзіцячая чыгунка

lutt

пустышка

pidu

дзіцячае свята

pildiraamat

кніга з малюнкамі

pall

мячык

nukk

лялька

mängima

гуляцца

liivakast

пясочніца

kiik

арэлі

mänguasjad

цацкі

mängukonsool

гульнявая відэа прыстаўка

kolmerattaline jalgratas

трохколавы ровар

mängukaru

плюшавы мішка

riidekapp

шафа

riietus

адзенне

sokid

шкарпэткі

sukad

панчохі

sukkpüksid

калготкі

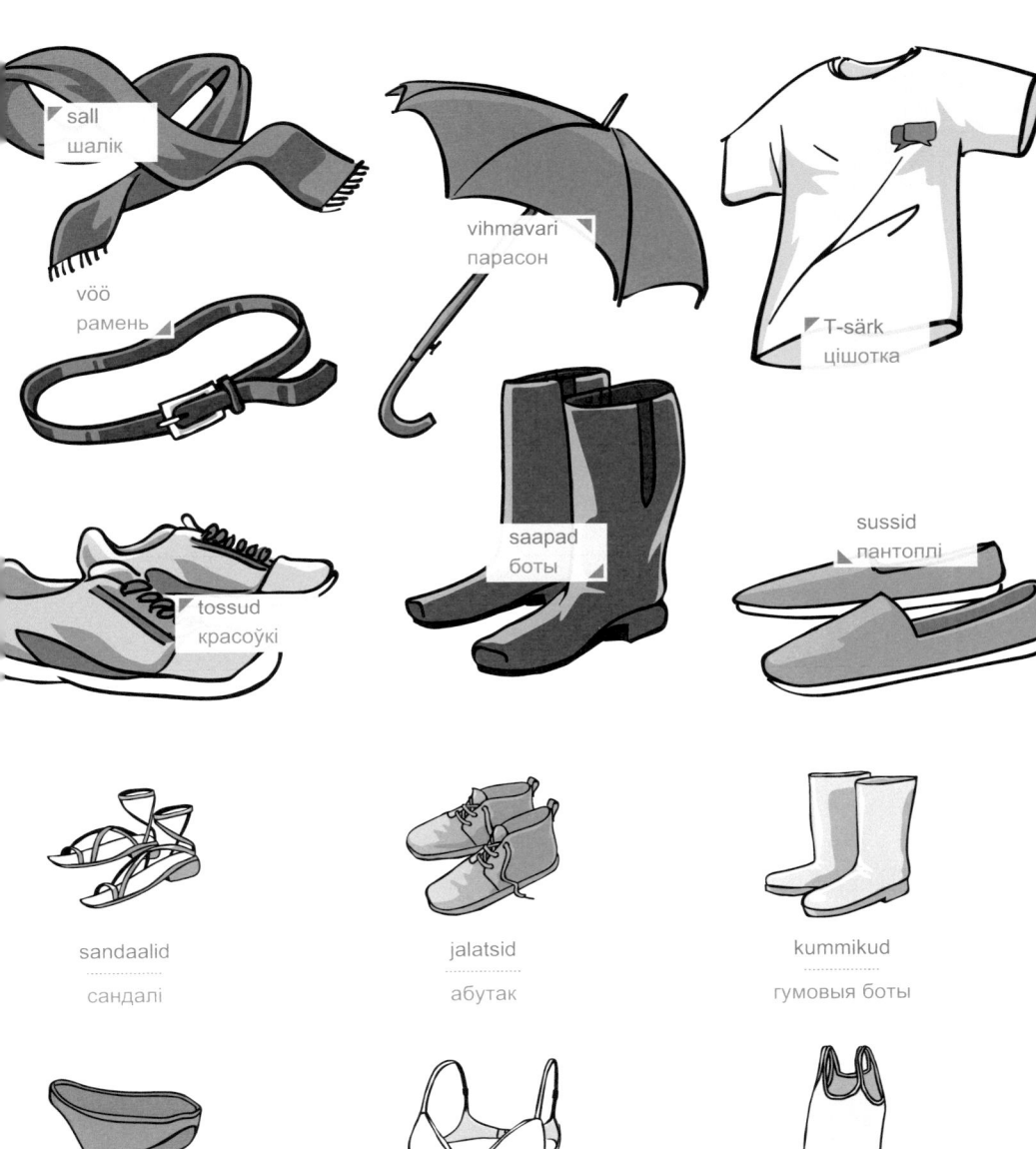

sall
шалік

vihmavari
парасон

T-särk
цішотка

vöö
рамень

saapad
боты

sussid
пантоплі

tossud
красоўкі

sandaalid
сандалі

jalatsid
абутак

kummikud
гумовыя боты

aluspüksid
трусы

rinnahoidja
бюстгальтар

vest
майка

riietus - адзенне

45

bodi

бодзі

püksid

штаны

teksapüksid

джынсы

seelik

спадніца

pluus

блузка

särk

кашуля

sviiter

джэмпер

dressipluus

талстоўка

bleiser

блэйзер

jakk

куртка

mantel

паліто

vihmamantel

дажджавік

kostüüm

касцюм

kleit

сукенка

pulmakleit

вясельная сукенка

ülikond

касцюм

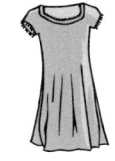

öösärk

начная сарочка

pidžaama

піжама

sari

сары

pearätt

хустка

turban

цюрбан

burka

паранджа

kaftan

каптан

abayah

Абая

ujumistrikoo

купальнік

ujumispüksid

плаўкі

lühikesed püksid

шорты

dressid

спартыўны касцюм

põll

фартух

kindad

пальчаткі

nööp

гузік

prillid

акуляры

käevõru

бранзалет

kaelakee

каралі

sõrmus

кальцо

kõrvarõngas

завушніца

nokamüts

кепка

riidepuu

вешалка

kaabu

капялюш

lips

гальштук

tõmblukk

маланка

kiiver

шлем

traksid

падцяжкі

koolivorm

школьная форма

vormirõivad

уніформа

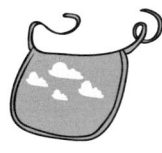

pudipõll

нагруднік

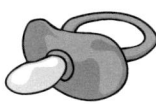

lutt

пустышка

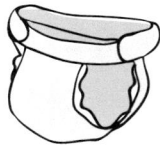

mähe

падгузнік

kontor

офіс

server
сервер
arhiivikapp
канцылярская шафа
paber
папера
printer
прынтэр
monitor
манітор
hiir
мыш
kirjutuslaud
пісьмовы стол
kaust
тэчка
klaviatuur
клавіятура
paberikorv
смеццевы кошык
arvuti
кампутар
tool
крэсла

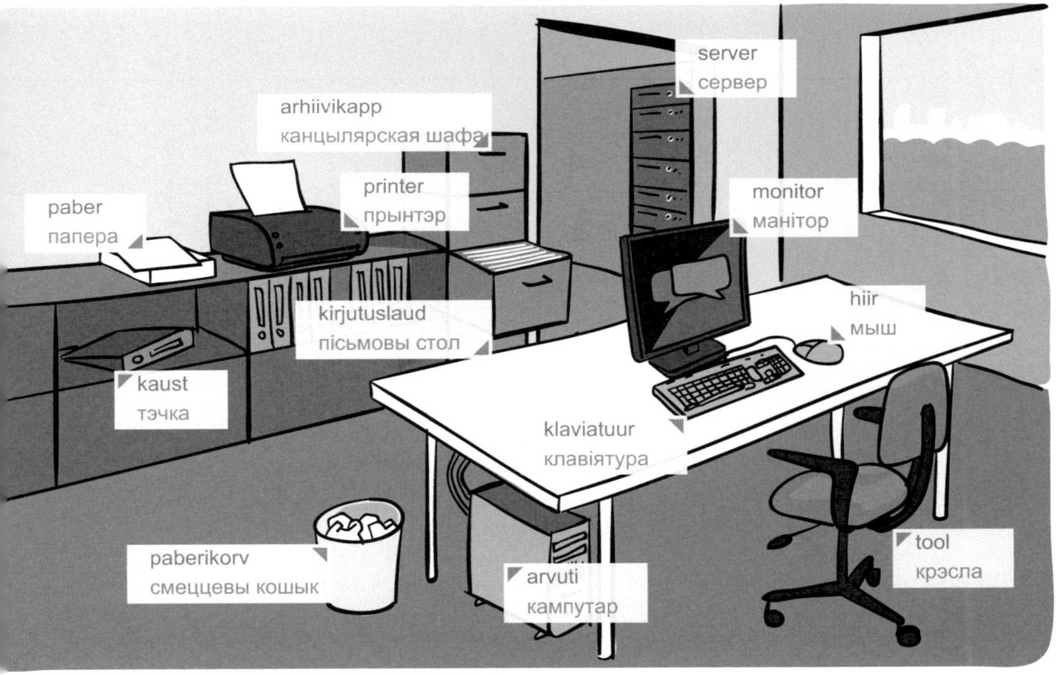

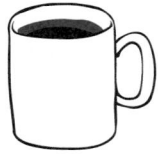

kohvikruus

убак для кавы (філіжанка)

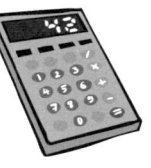

kalkulaator

калькулятар

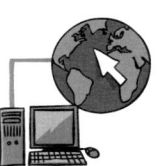

internet

інтэрнэт

sülearvuti

ноўтбук

kiri

ліст

sõnum

паведамленне

mobiiltelefon

мабільны тэлефон

võrk

сетка

koopiamasin

ксеракс

tarkvara

праграмнае забеспячэнне

telefon

тэлефон

pistikupesa

разетка

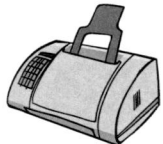

faksimasin

факс

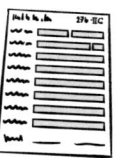

vorm

фармуляр

dokument

дакумент

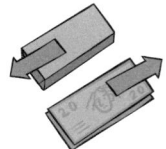

ostma

купляць

maksma

плаціць

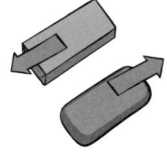

vahetama

гандляваць

raha

грошы

dollar

долар

euro

еўра

jeen

ена

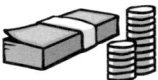

rubla

рубель

Šveitsi frank

франк

renminbi jüaan

кітайскі юань

ruupia

рупія

sularahaautomaat

банкамат

valuutavahetuspunkt

абменны пункт

kuld

золата

hõbe

срэбра

nafta

нафта

energia

энергія

hind

цана

leping

кантракт

maks

падатак

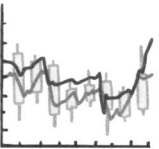

aktsia

акцыя

töötama

працаваць

töötaja

служачы

tööandja

працадаўца

tehas

фабрыка

kauplus

крама

ametid
прафесіі

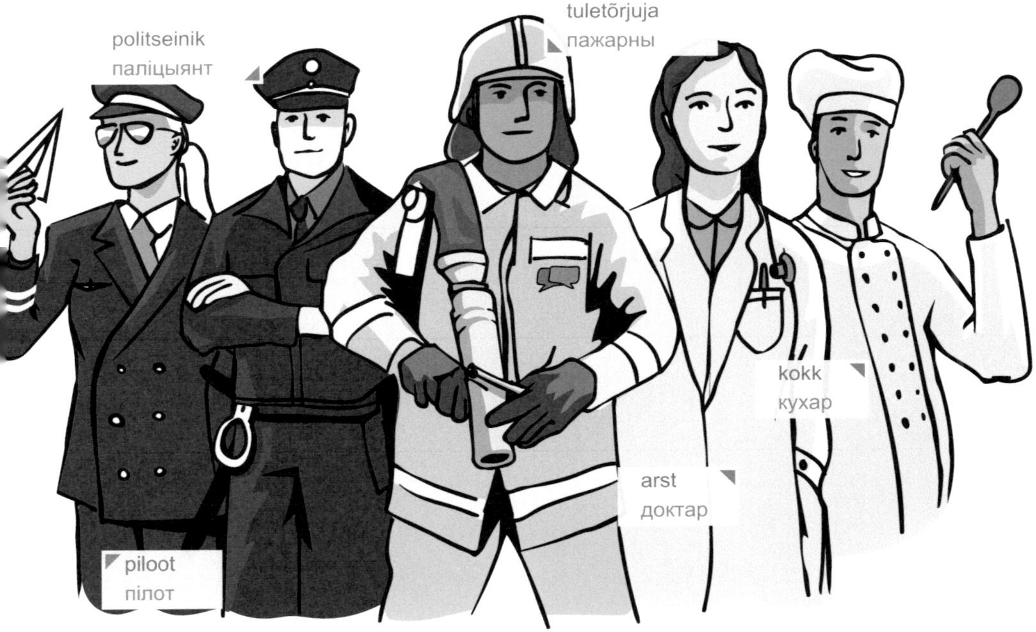
tuletõrjuja
пажарны
politseinik
паліцыянт
kokk
кухар
arst
доктар
piloot
пілот

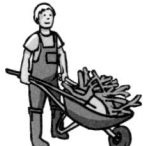

aednik

садоўнік

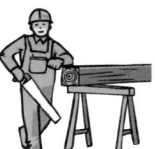

puusepp

слесар

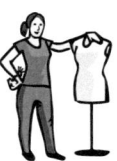

õmbleja

швачка

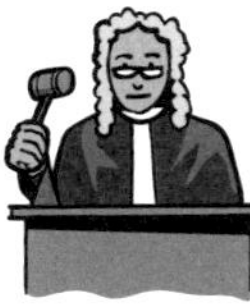

kohtunik

суддзя

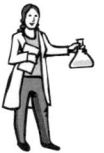

keemik

хімік

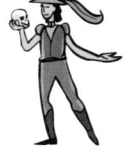

näitleja

артыст

bussijuht

кіроўца аўтобуса

taksojuht

таксіст

kalamees

рыбак

koristaja

прыбіральшчыца

katusepaigaldaja

страхар

kelner

афіцыянт

jahimees

паляўнічы

maaler

мастак

pagar

пекар

elektrik

электрык

ehitaja

будаўнік

insener

інжынер

lihunik

мяснік

torumees

сантэхнік

postiljon

пашталён

sōdur

салдат

arhitekt

архітэктар

kassapidaja

касір

lillemüüja

фларыст

juuksur

цырульнік

piletikontrolör

кандуктар

mehaanik

механік

kapten

капітан

hambaarst

стаматолаг

teadlane

вучоны

rabi

рабін

imaam

імам

munk

манах

preester

святар

tööriistad
інструменты

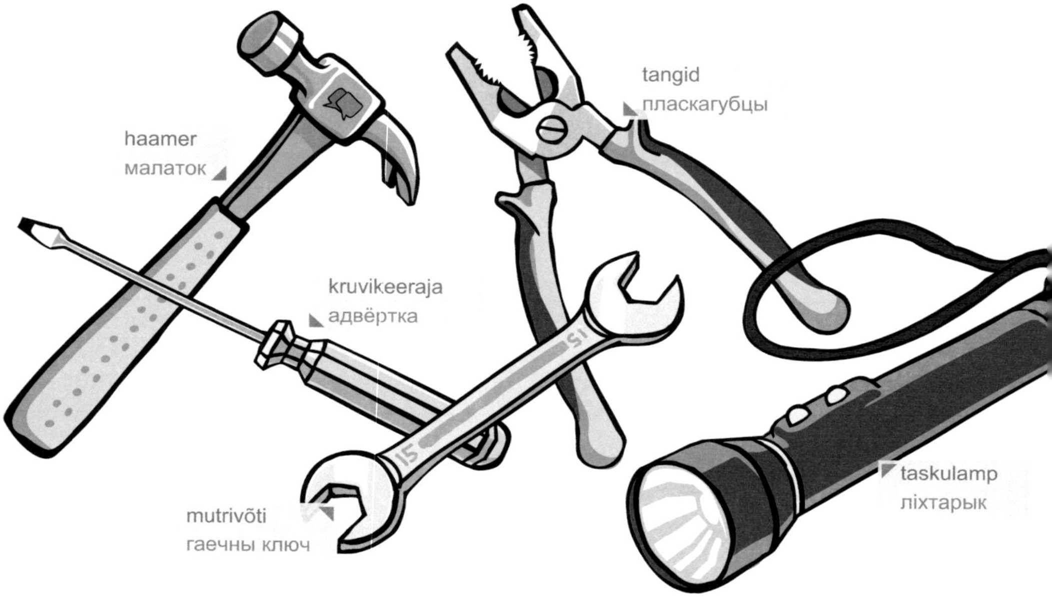
haamer
малаток
tangid
пласкагубцы
kruvikeeraja
адвёртка
mutrivõti
гаечны ключ
taskulamp
ліхтарык

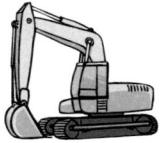

ekskavaator

экскаватар

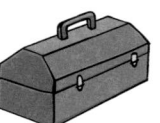

tööriistakast

скрыня для інструментаў

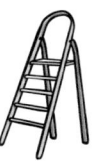

redel

дравіны

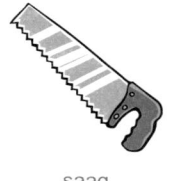

saag

піла

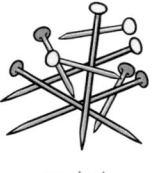

naelad

цвікі

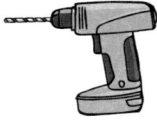

trell

дрыль

parandama

рамантаваць

labidas

рыдлеўка

Põrgusse!

Халера!

kühvel

шуфлік для смецця

värvipott

вядро з фарбаю

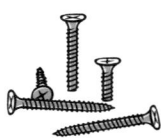

kruvid

балты

pillid
музычныя інструменты

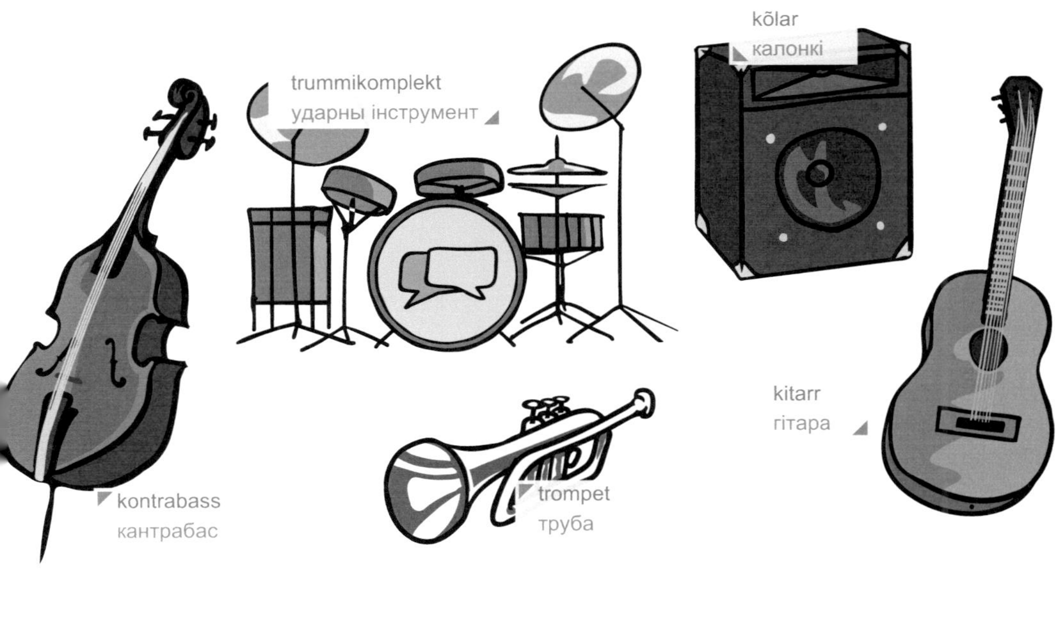

kõlar
калонкі

trummikomplekt
ударны інструмент

kitarr
гітара

kontrabass
кантрабас

trompet
труба

klaver

піяніна

viiul

скрыпка

bass

басгітара

timpan

літаўры

trummid

барабан

süntesaator

клавішны электрамузычны
інструмент

saksofon

саксафон

flööt

флейта

mikrofon

мікрафон

loomaaed

заапарк

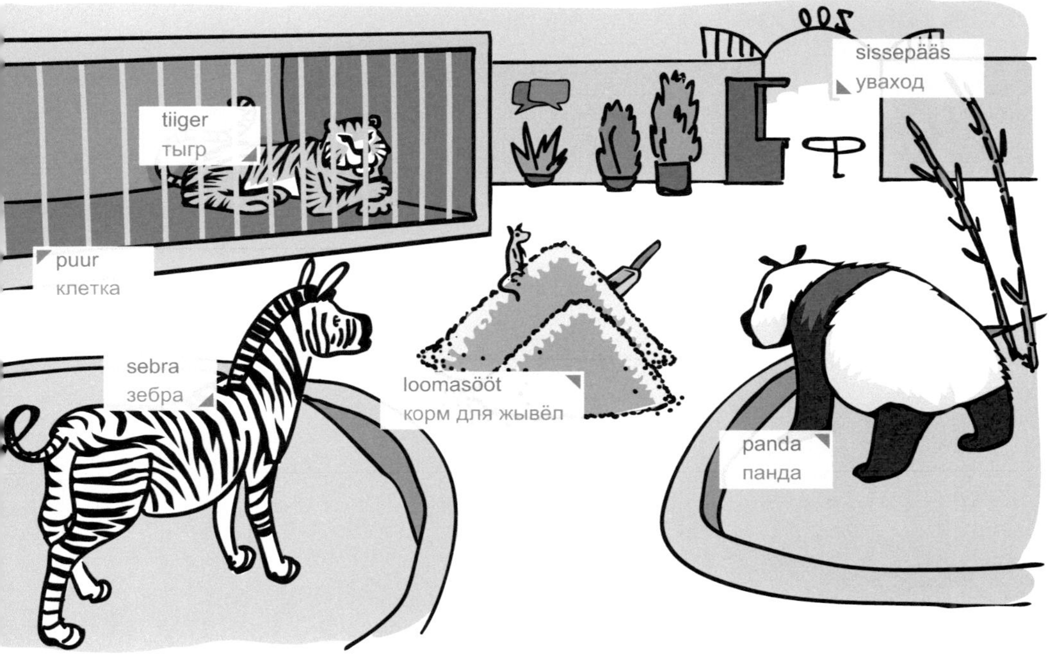

sissepääs
уваход
tiiger
тыгр
puur
клетка
sebra
зебра
loomasööt
корм для жывёл
panda
панда

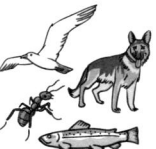

loomad

жывёлы

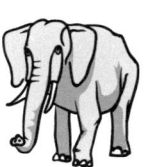

elevant

слон

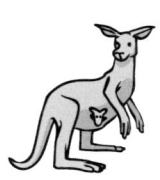

känguru

кенгуру

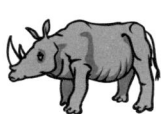

ninasarvik

насарог

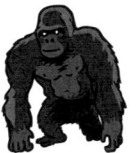

gorilla

гарыла

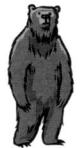

karu

мядзведзь

kaamel

вярблюд

jaanalind

стравус

lõvi

леў

ahv

малпа

flamingo

фламінга

papagoi

папугай

jääkaru

белы мядзведзь

pingviin

пінгвін

hai

акула

paabulind

паўлін

madu

змяя

krokodill

кракадзіл

loomaaiatalitaja

наглядчык заапарка

hüljes

цюлень

jaaguar

ягуар

poni

поні

leopard

леапард

jõehobu

бегемот

kaelkirjak

жыраф

kotkas

арол

metssiga

дзік

kala

рыбак

kilpkonn

чарапаха

morsk

морж

rebane

ліса

gasell

газель

Ameerika jalgpall
амерыканскі футбол

jalgrattasõit
веласпорт

tennis
тэніс

korvpall
баскетбол

ujumine
плаванне

poksimine
бокс

jäähoki
хакей з шайбай

jalgpall
футбол

sulgpall
бадмінтон

kergejõustik
лёгкая атлетыка

käsipall
гандбол

suusatamine
горныя лыжы

polo
пола

tegevused
дзейнасць

hüppama
скакаць
kallistama
абдымаць
naerma
смяяцца
jalutama
ісці
laulma
спяваць
unistama
марыць
palvetama
маліцца
suudlema
цалаваць

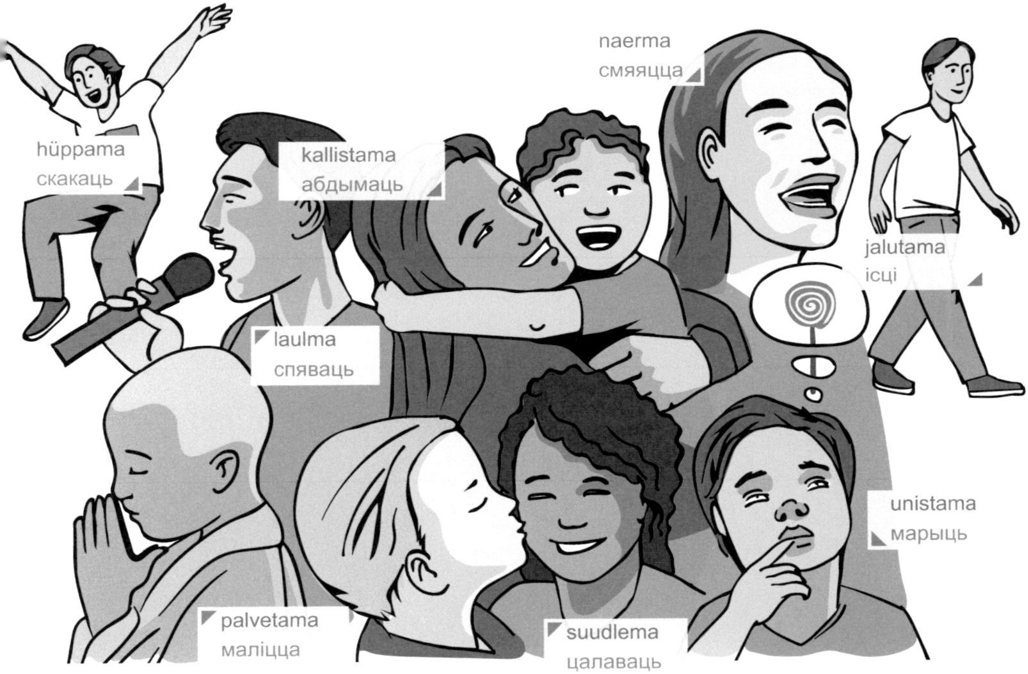

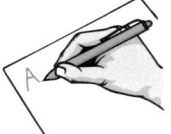

kirjutama
пісаць

joonistama
маляваць

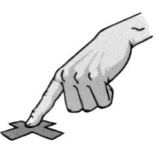

näitama
паказваць

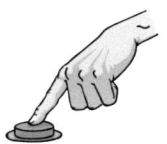

lükkama
націснуць

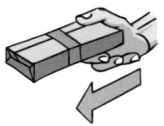

andma
даваць

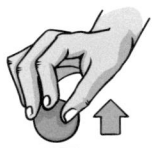

võtma
браць

omama

маць

tegema

выконваць

olema

быць

seisma

стаяць

jooksma

бегчы

tõmbama

цягнуць

viskama

кідаць

kukkuma

падаць

lamama

ляжаць

ootama

чакаць

kandma

насіць

istuma

сядзець

riidesse panema

апранацца

magama

спаць

ärkama

прачынацца

vaatama

глядзець

nutma

плакаць

paitama

лашчыць

kammima

прычэсвацца

rääkima

гаварыць

aru saama

разумець

küsima

пытаць

kuulama

чуць

jooma

піць

sööma

есці

korrastama

прыбіраць

armastama

кахаць

süüa tegema

гатаваць

sõitma

ехаць

lendama

лятаць

purjetama

плаваць пад ветразем

arvutama

лічыць

lugema

чытаць

õppima

вучыць

töötama

працаваць

abielluma

уступаць у шлюб

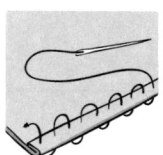

õmblema

шыць

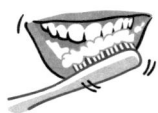

hambaid pesema

чысціць зубы

tapma

забіваць

suitsetama

курыць

saatma

пасылаць

vanaema
бабуля

vanaisa
дзядуля

isa
бацька

ema
маці

imik
дзіця

tütar
дачка

poeg
сын

külaline

госць

tädi

цётка

onu

дзядзька

vend

брат

õde

сястра

keha

цела

otsmik
лоб
silm
вока
nägu
твар
lõug
падбародак
sõrm
палец
käsi
рука
rind
грудзі
käsivars
рука
õlg
плячо
jalg
нага

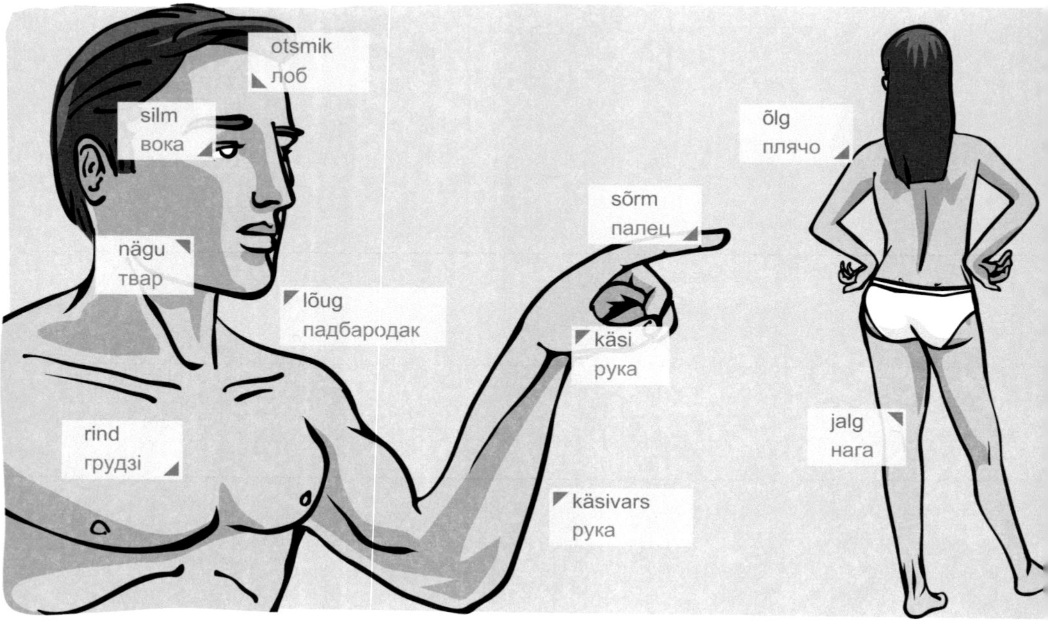

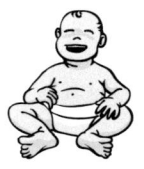

imik

дзіця

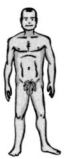

mees

мужчына

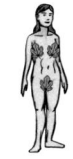

naine

жанчына

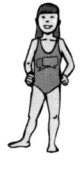

tüdruk

дзяўчынка

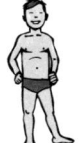

poiss

хлопчык

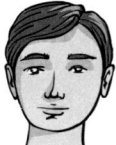

pea

галава

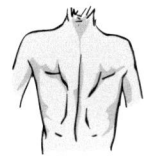

selg

спіна

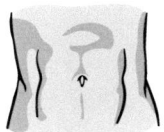

kõht

жывот

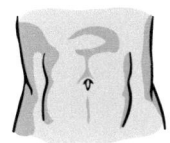

naba

пуп

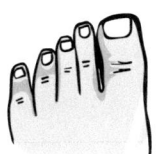

varvas

палец нагі

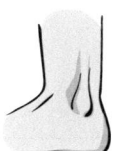

kand

пятка

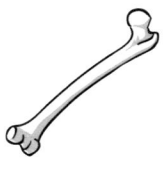

luu

костка

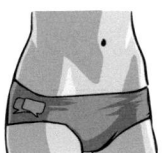

puus

бядро

põlv

калена

küünarnukk

локаць

nina

нос

tagumik

ягадзіца

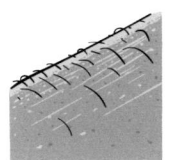

nahk

скура

põsk

шчака

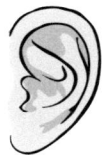

kõrv

вуха

huuled

губа

keha - цела

suu

рот

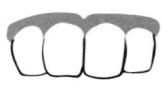

hammas

зуб

keel

язык

aju

галаўны мозг

süda

сэрца

lihas

мышца

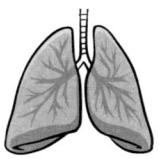

kops

лёгкае

maks

пячонка

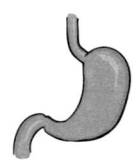

magu

страўнік

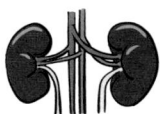

neerud

ныркі

seksuaalvahekord

сэкс

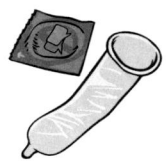

kondoom

прэзерватыў

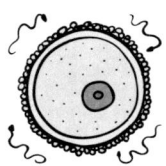

munarakk

яйцаклетка

sperma

сперма

rasedus

цяжарнасць

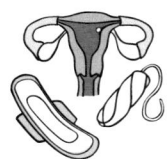

menstruatsioon

менструацыя

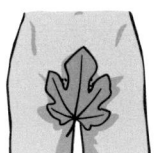

vagiina

похва

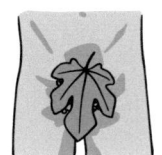

peenis

пеніс

kulm

брыво

juuksed

валасы

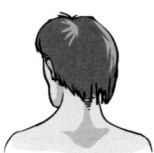

kael

шыя

haigla

шпіталь

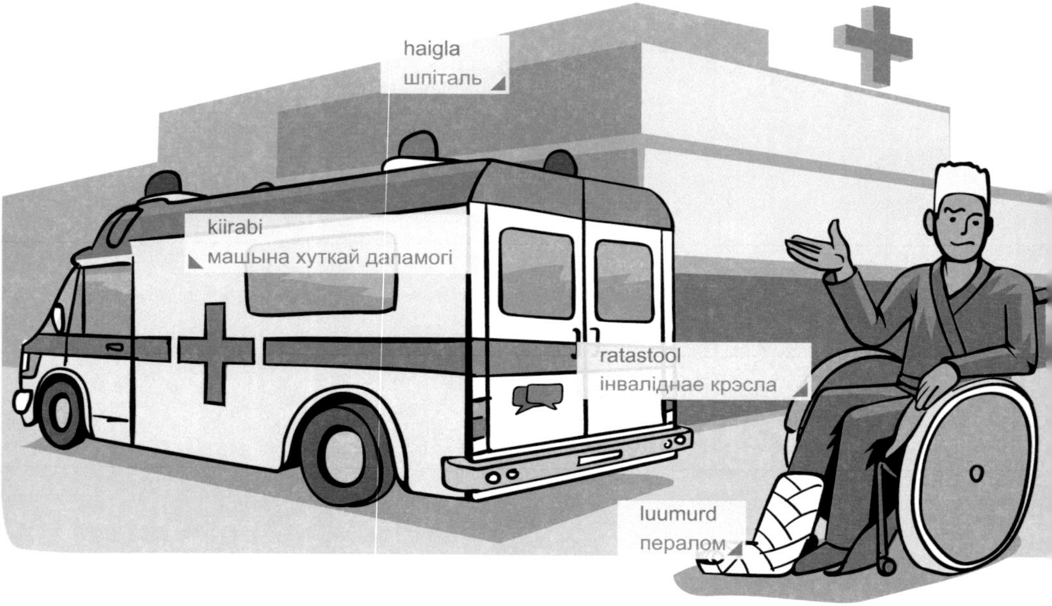

haigla
шпіталь
kiirabi
машына хуткай дапамогі
ratastool
інваліднае крэсла
luumurd
пералом

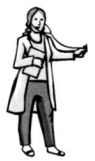

arst

доктар

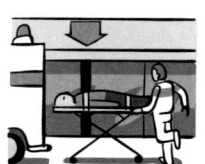

traumapunkt

аддзяленне першай дапамогі

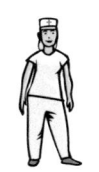

meditsiiniõde

медсястра

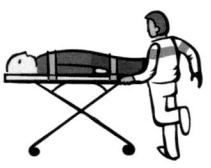

hädaolukord

экстраная дапамога

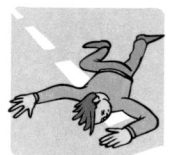

teadvuseta

непрытомны

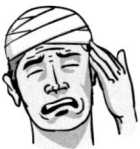

valu

боль

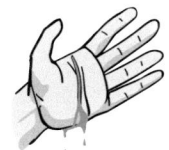

vigastus

траўма

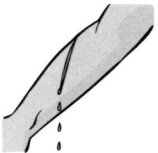

verejooks

крывацёк

südamerabandus

інфаркт

insult

апаплексія

allergia

алергія

köha

кашаль

palavik

гарачка

gripp

грып

kõhulahtisus

панос

peavalu

галаўны боль

vähk

рак

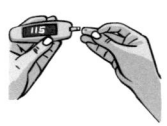

diabeet

дыябет

kirurg

хірург

skalpell

скальпель

operatsioon

аперацыя

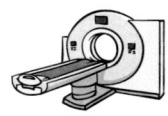

KT

KT

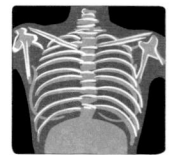

röntgen

рэнтген

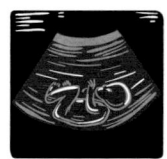

ultraheli

ультрагук

mask

маска

haigus

хвароба

ooteruum

пачакальня

kark

мыліца

kips

пластыр

side

бінт

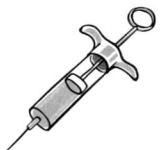

süst

ін'екцыя

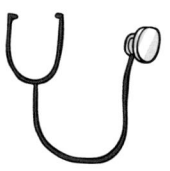

stetoskoop

стэтаскоп

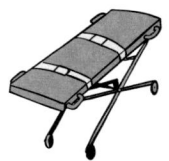

kanderaam

насілкі

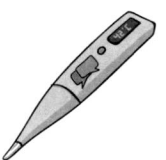

kraadiklaas

градуснік

sünd

нараджэнне

ülekaaluline

лішняя вага

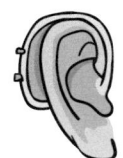

kuuldeaparaat

слухавы апарат

desinfektsioonivahend

дэзінфекцыйны сродак

põletik

інфекцыя

viirus

вірус

HIV / AIDS

ВІЧ/СНІД

meditsiin

лекі

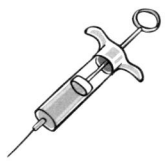

vaktsineerimine

прышчэпка

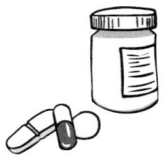

tabletid

таблеткі

pill

супрацьзачаткавая таблетка

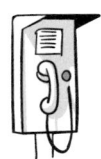

hädaabikõne

экстраны выклік

vererõhuaparaat

танометр

haige / terve

хворы / здаровы

haigla - шпіталь

Appi!

Ратуйце!

häire

сігналізацыя

kallaletung

напад

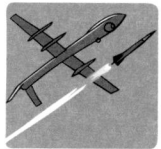

rünnak

атака

oht

небяспека

avariiväljapääs

аварыйны выхад

Tulekahju!

Пажар!

tulekustuti

вогнетушыцель

õnnetus

аварыя

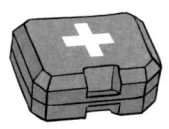

esmaabikomplekt

аптэчка

SOS

СОС

politsei

паліцыя

Euroopa

Еўропа

Põhja-Ameerika

Паўночная Амерыка

Lõuna-Ameerika

Паўднёвая Амерыка

Aafrika

Афрыка

Aasia

Азія

Austraalia

Аўстралія

Atlandi ookean

Атлантычны акіян

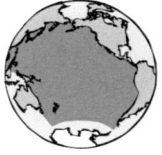

Vaikne ookean

Ціхі акіян

India ookean

Індыйскі акіян

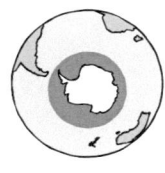

Lõuna-Jäämeri

Паўднёвы ледавіты акіян

Põhja-Jäämeri

Паўночны ледавіты акіян

põhjapoolus

Паўночны полюс

lõunapoolus

Паўднёвы полюс

Antarktika

Антарктыда

Maa

Зямля

maismaa

краіна

meri

мора

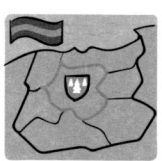

saar

востраў

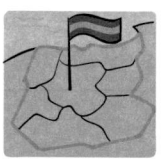

rahvus

нацыя

riik

дзяржава

sihverplaat

цыферблат

tunniosuti

гадзінная стрэлка

minutiosuti

хвілінная стрэлка

sekundiosuti

секундная стрэлка

Mis kell on?

Колькі часу?

päev

дзень

aeg

час

praegu

зараз

digitaalne kell

электронны гадзіннік

minut

хвіліна

tund

гадзіна

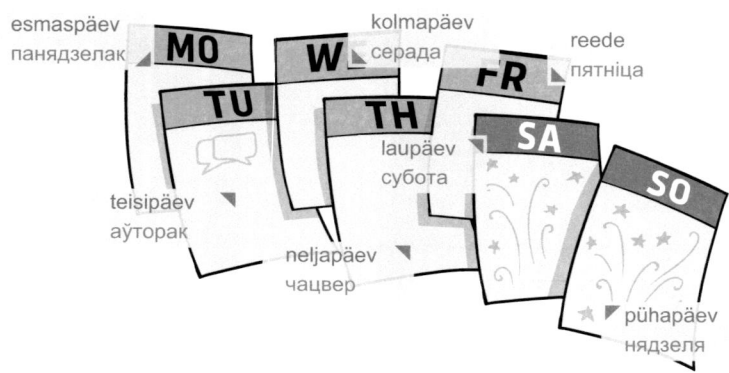

esmaspäev
панядзелак

kolmapäev
серада

reede
пятніца

teisipäev
аўторак

laupäev
субота

neljapäev
чацвер

pühapäev
нядзеля

eile

ўчора

täna

сёння

homme

заўтра

hommik

раніца

lõuna

абед

õhtu

вечар

MO	TU	WE	TH	FR	SA	SU
1	2	3	4	5	6	7
8	9	10	11	12	13	14
15	16	17	18	19	20	21
22	23	24	25	26	27	28
29	30	31	1	2	3	4

tööpäevad

працоўныя дні

MO	TU	WE	TH	FR	SA	SU
1	2	3	4	5	6	7
8	9	10	11	12	13	14
15	16	17	18	19	20	21
22	23	24	25	26	27	28
29	30	31	1	2	3	4

nädalavahetus

выхадныя

vihm
дождж

vikerkaar
вясёлка

tuul
вецер

lumi
снег

kevad
вясна

sügis
восень

suvi
лета

talv
зіма

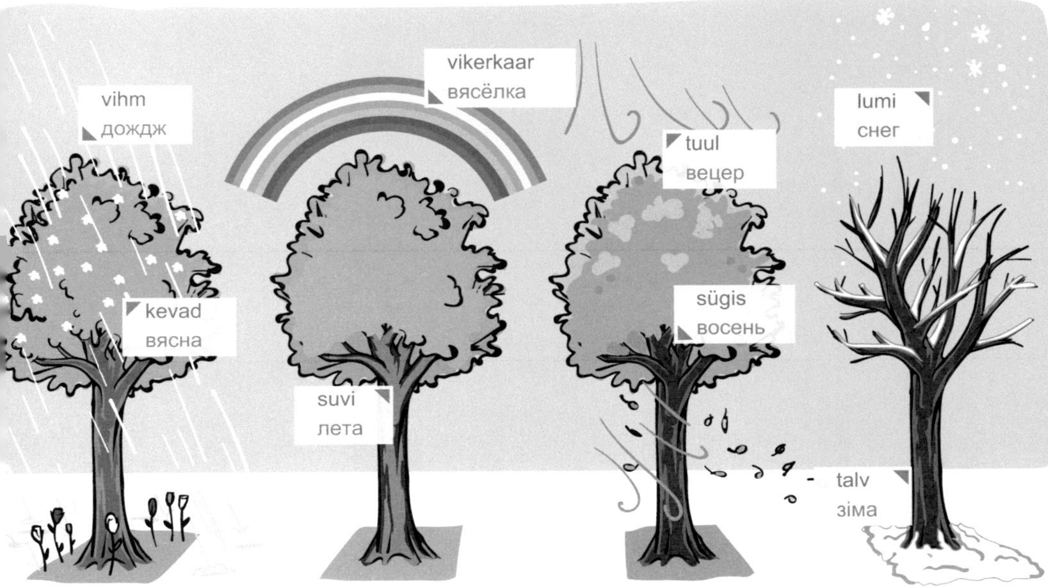

ilmaennustus

прагноз надвор'я

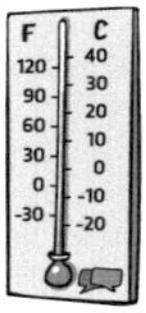

termomeeter

градуснік

päikesepaiste

сонечнае святло

pilv

воблака

udu

туман

niiskus

вільготнасць паветра

pikne

маланка

kõu

гром

torm

бура

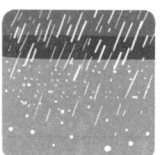

rahe

град

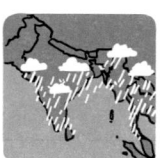

mussoon

мусонны вецер

üleujutus

прыліў

jää

лёд

jaanuar

студзень

veebruar

люты

märts

сакавік

aprill

красавік

mai

май

juuni

чэрвень

juuli

ліпень

august

жнівень

september
....
верасень

oktoober
....
кастрычнік

november
....
лістапад

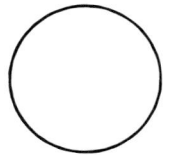

detsember
....
снежань

kujundid
формы

ring
....
круг

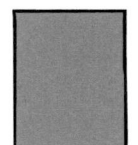

ruut
....
квадрат

nelinurk
....
прамавугольнік

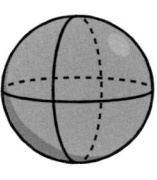

kolmnurk
....
трохвугольнік

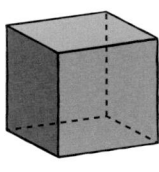

kera
....
шар

kuup
....
куб

valge

белы

kollane

жоўты

oranž

аранжавы

roosa

ружовы

punane

чырвоны

lilla

фіялетавы

sinine

сіні

roheline

зялёны

pruun

карычневы

hall

шэры

must

чорны

palju / vähe

шмат / мала

vihane / rahulik

злы / добры

ilus / inetu

прыгожы / брыдкі

algus / lõpp

пачатак / канец

suur / väike

высокі / малы

hele / tume

светлы / цёмны

vend / õde

сястра / брат

puhas / must

чысты / брудны

täielik / puudulik

поўны / няпоўны

päev / öö

дзень / ноч

surnud / elus

мёртвы / жывы

lai / kitsas

шырокі / вузкі

söödav / mittesöödav

ядомы / неядомы

kuri / sõbralik

злы / добры

põnevil / tüdinud

узбуджаны / нудны

paks / peenike

тоўсты / тонкі

esimene / viimane

першы / апошні

sõber / vaenlane

сябар / вораг

täis / tühi

поўны / пусты

kõva / pehme

цвёрды / мяккі

raske / kerge

важкі / лёгкі

nälg / janu

голад / смага

haige / terve

хворы / здаровы

ebaseaduslik / seaduslik

нелегальны / легальны

tark / rumal

разумны / дурны

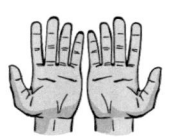

vasak / parem

левы / правы

lähedal / kaugel

побач / далёка

uus / kasutatud

овы / былы ва ўжыванні

mitte midagi / midagi

нічога / нешта

vana / noor

стары / малады

sees / väljas

укл / выкл

lahti / kinni

адчынены / зачынены

vaikne / vali

ціхі / гучны

rikas / vaene

багаты / бедны

õige / vale

правільна / няправільна

kare / sile

шурпаты / гладкі

kurb / rõõmus

сумны / шчаслівы

lühike / pikk

кароткі / доўгі

aeglane / kiire

павольны / хуткі

märg / kuiv

вільготны / сухі

soe / jahe

цёплы / халаднаваты

sõda / rahu

вайна / мір

0

null

нуль

1

üks

адзін

2

kaks

два

3

kolm

тры

4

neli

чатыры

5

viis

пяць

6

kuus

шэсць

7

seitse

сем

8

kaheksa

восем

9

üheksa

дзевяць

10

kümme

дзесяць

11

üksteist

адзінаццаць

12
kaksteist

дванаццаць

13
kolmteist

трынаццаць

14
neliteist

чатырнаццаць

15
viisteist

пятнаццаць

16
kuusteist

шаснаццаць

17
seitseteist

сямнаццаць

18
kaheksateist

васямнаццаць

19
üheksateist

дзевятнаццаць

20
kakskümmend

дваццаць

100
sada

сто

1.000
tuhat

тысяча

1.000.000
miljon

мільён

inglise

англійская

Ameerika inglise

англійская (Амерыка)

mandariini

кітайская мандарынская

hindi

хіндзі

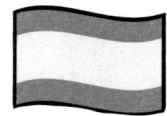

hispaania

іспанская

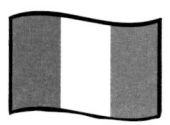

prantsuse

французская

araabia

арабская

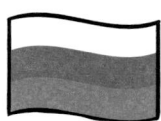

vene

руская

portugali

партугальская

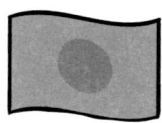

bengali

бенгальская

saksa

нямецкая

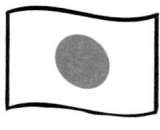

jaapani

японская

mina

я

sina

ты

tema

ён / яна / яно

meie

мы

teie

вы

nemad

яны

kes?

хто?

mis?

што?

kuidas?

як?

kus?

дзе?

millal?

калі?

nimi

імя

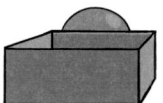

taga

за

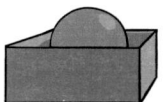

sees

у

ees

перад

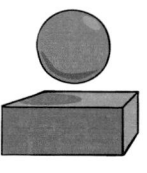

kohal

над

peal

на

all

пад

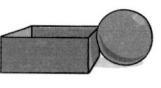

kõrval

каля

vahel

паміж

koht

месца